Impressum
Verlag: BABADADA GmbH, Nedderfeld 112 , 22529 Hamburg
Geschäftsführer / Verlagsleitung: Harald Hof
Druck: Books on Demand GmbH, In de Tarpen 42, 22848 Norderstedt

Imprint
Publisher: BABADADA GmbH, Nedderfeld 112 , 22529 Hamburg, Germany
Managing Director / Publishing direction: Harald Hof
Print: Books on Demand GmbH, In de Tarpen 42, 22848 Norderstedt, Germany

学校

escola

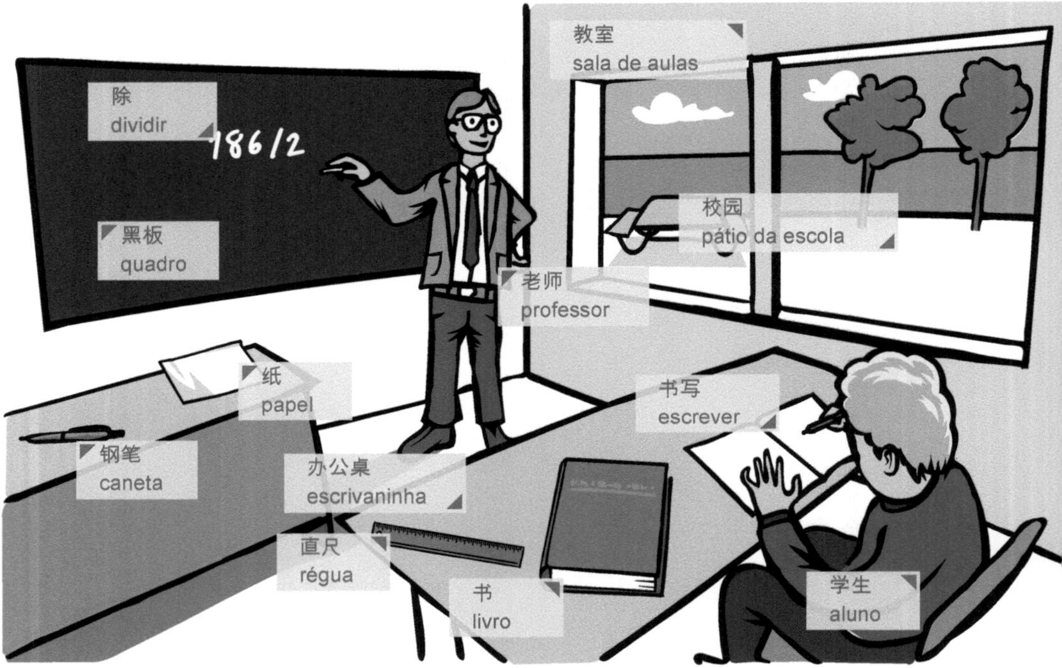
教室
sala de aulas
除
dividir
186/2
黑板
quadro
校园
pátio da escola
老师
professor
纸
papel
书写
escrever
钢笔
caneta
办公桌
escrivaninha
直尺
régua
书
livro
学生
aluno

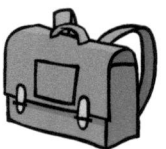

书包

sacola

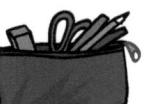

铅笔盒

estojo de lápis

铅笔

lápis

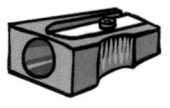

卷笔刀

apontador de lápis

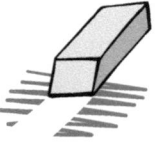

橡皮擦

borracha

画板

bloco de desenho

图画
desenho

画笔
pincel

颜料盒
estojo de tintas

剪刀
tesoura

胶水
cola

练习册
livro de exercícios

家庭作业
lição de casa

12

数字
número

2+2

加
somar

5-2

减
subtrair

2×2

乘
multiplicar

计算
calcular

A

字母
letra

ABCDEFG
HIJKLMN
OPQRSTU
VWXYZ

字母表
alfabeto

hello

字
palavra

课文

texto

读

ler

粉笔

giz

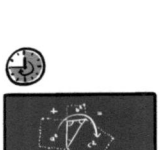

上课

hora

登记

registro da classe

考试

exame

证书

certificado

校服

uniforme escolar

教育

educação

百科全书

enciclopédia

大学

universidade

显微镜

microscópio

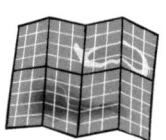

地图

mapa

废纸筐

cesto de lixo

旅行

viagem

酒店
hotel
Grand
青年旅社
albergue
ROOMS
外币兑换处
casa de câmbio
手提箱
mala
汽车
carro

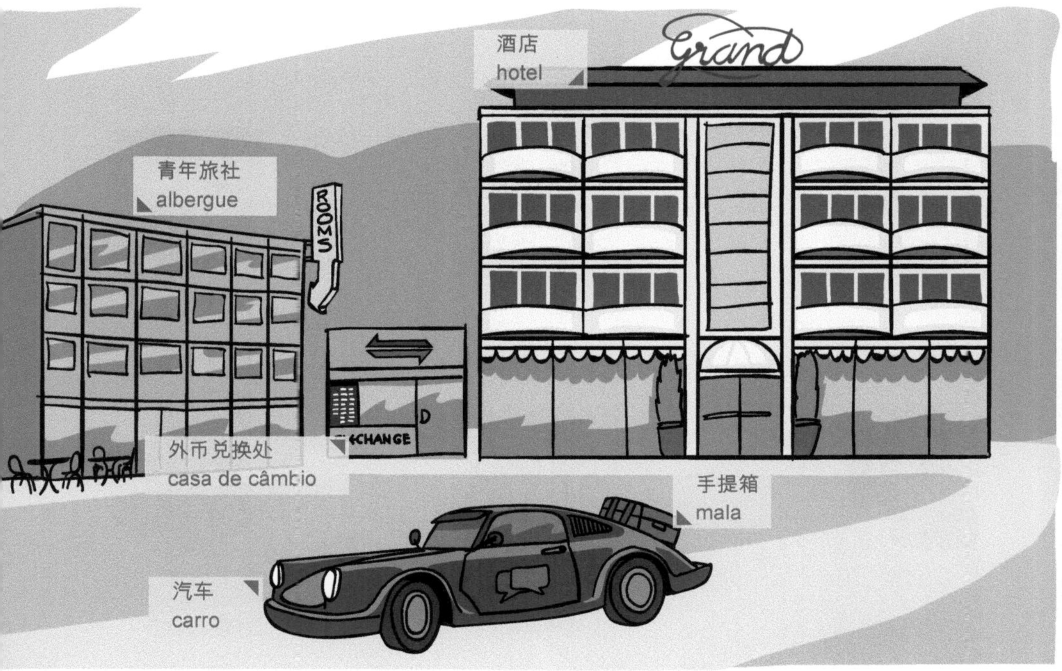

语言

idioma

是/否

sim / não

好的

ok

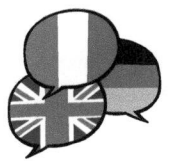

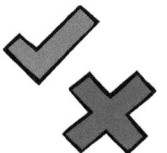

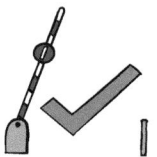

您好

Olá

翻译员

tradutor

谢谢

obrigado

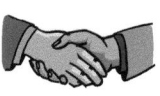

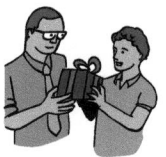

……多少钱？

quanto custa...?

我不明白

eu não entendo

问题

problema

晚上好！

boa noite!

早上好！

Bom dia!

晚安！

Boa noite!

再见

até logo

方向

direção

行李

bagagem

包

bolsa

双肩包

mochila

客人

convidado

房间

quarto

睡袋

saco de dormir

帐篷

barraca

旅游信息

informação turística

海滩

praia

信用卡

cartão de crédito

早餐

café da manhã

午餐

almoço

晚餐

jantar

票

bilhete

电梯

elevador

邮票

selo

边界

fronteira

海关

alfândega

大使馆

embaixada

签证

visto

护照

passaporte

交通运输

transporte

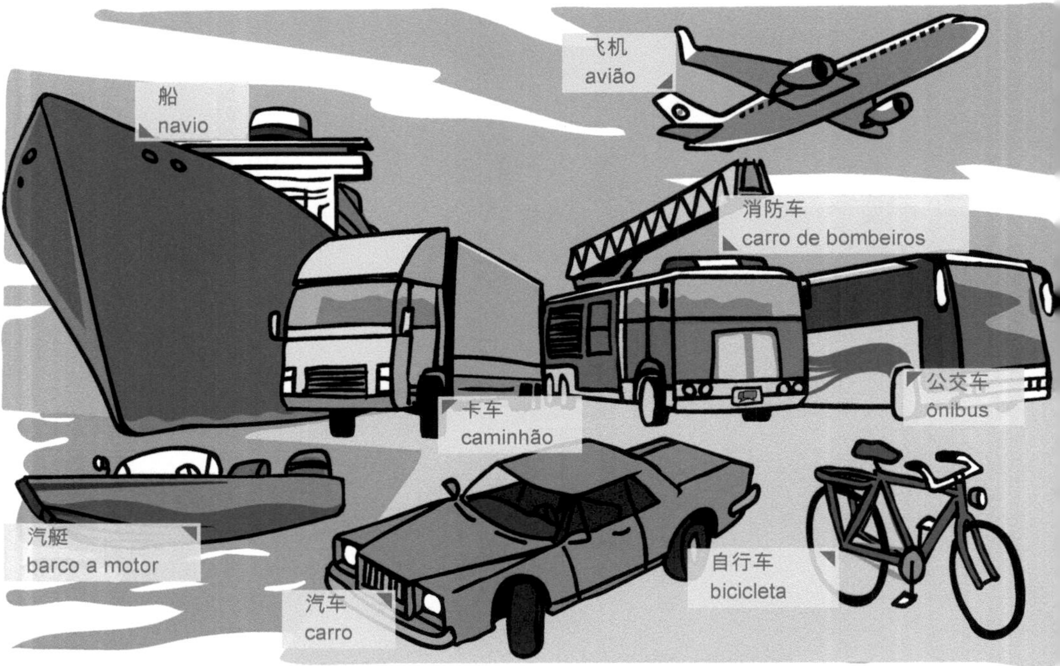

飞机
avião
船
navio
消防车
carro de bombeiros
公交车
ônibus
卡车
caminhão
汽艇
barco a motor
自行车
bicicleta
汽车
carro

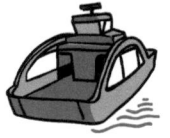

摆渡船

balsa

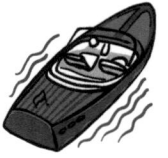

小船

barco

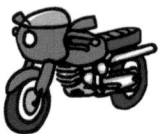

摩托车

motocicleta

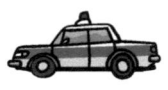

警车

veículo policial

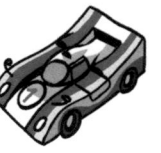

赛车

carro de corrida

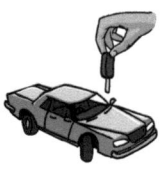

租车

carro de aluguel

拼车

compartilhamento de automóvel

拖车

caminhão de reboque

垃圾车

caminhão de lixo

发动机

motor

汽油

combustível

加油站

posto de gasolina

交通标志

placa de trânsito

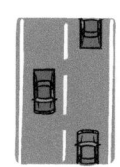

交通

trânsito

交通堵塞

trânsito lento

停车场

estacionamento

火车站

estação de trem

轨道

trilhos

火车

trem

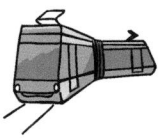

电车

bonde

货车

vagão

直升机
helicóptero

机场
aeroporto

塔
torre

乘客
passageiro

集装箱
contêiner

纸板箱
cartolina

手推车
carroça

篮子
cesto

起飞/降落
decolar / pousar

城市
cidade

村庄
vilarejo

市中心
centro da cidade

房子
casa

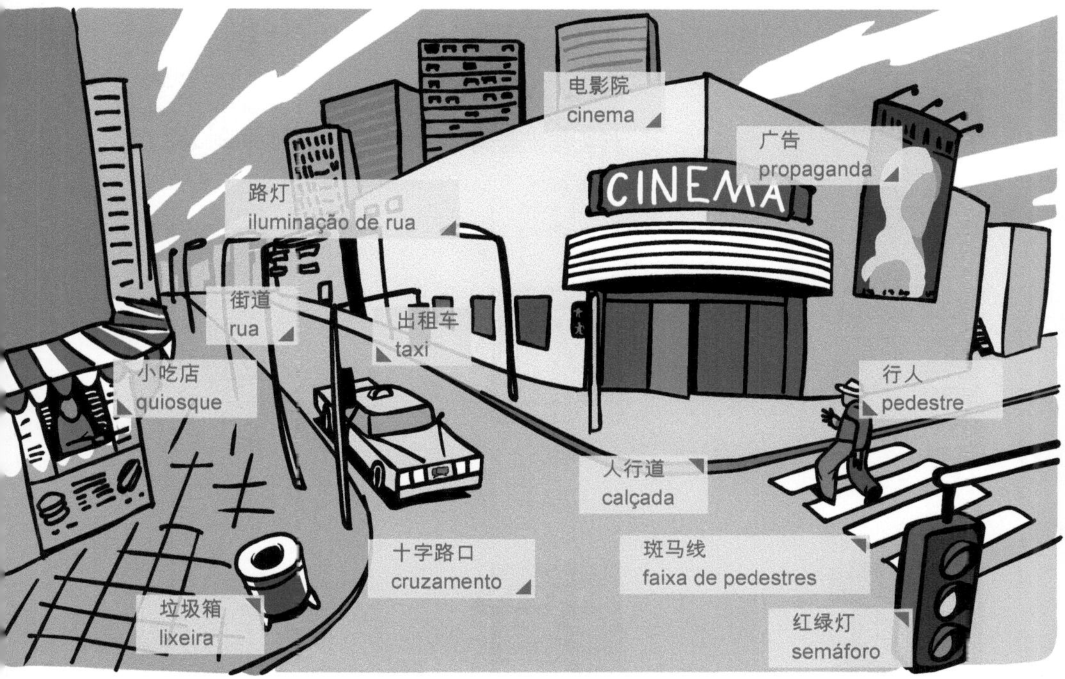
电影院
cinema
广告
propaganda
CINEMA
路灯
iluminação de rua
街道
rua
出租车
taxi
小吃店
quiosque
行人
pedestre
人行道
calçada
十字路口
cruzamento
斑马线
faixa de pedestres
垃圾箱
lixeira
红绿灯
semáforo

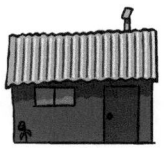

小屋
cabana

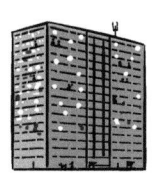

公寓
apartamento

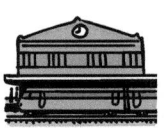

火车站
estação de trem

市政厅
prefeitura

MUSEUM

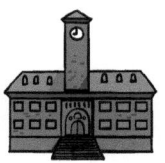

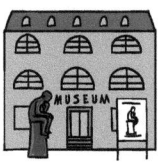

博物馆
museu

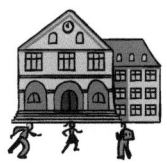

学校
escola

大学

universidade

银行

banco

医院

hospital

酒店

hotel

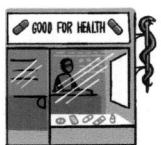

药房

farmácia

办公室

escritório

书店

livraria

商店

loja

花店

floricultura

超市

supermercado

市场

mercado

百货商店

loja de departamentos

鱼店

peixaria

购物中心

centro comercial

海港

porto

公园

parque

长凳

banco

桥

ponte

楼梯

escadas

地铁

metrô

隧道

túnel

公交车站

ponto de ônibus

酒吧

bar

餐馆

restaurante

邮筒

caixa de correspondência

路标

placa de rua

停车计时器

parquímetro

动物园

zoológico

游泳馆

piscina

清真寺

mesquita

农场
fazenda

污染
poluição

基地
cemitério

教堂
igreja

操场
parquinho

寺庙
templo

地形
paisagem

树叶
folha

指示牌
placa de sinalização

路
caminho

草地
gramado

石头
pedra

树
árvore

徒步旅行者
caminhantes

河
rio

草
grama

花
flor

峡谷
vale

山
montanha

湖
lago

森林
floresta

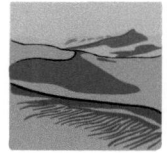

沙漠
deserto

火山
vulcão

城堡
castelo

彩虹
arco-íris

蘑菇
cogumelo

棕榈树
palmeira

蚊子
mosquito

苍蝇
mosca

蚂蚁
formiga

蜜蜂
abelha

蜘蛛
aranha

甲虫

besouro

青蛙

sapo

松鼠

esquilo

刺猬

ouriço

野兔

lebre

猫头鹰

coruja

鸟

pássaro

天鹅

cisne

野猪

javali

鹿

veado

麋鹿

alce

水坝

barragem

风力发电机

aerogerador

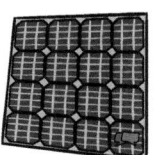

太阳能电池板

painel solar

气候

clima

服务员
garçom

菜单
menu

椅子
cadeira

汤
sopa

披萨饼
pizza

餐具
talheres

桌布
toalha de mesa

前菜
entrada

主菜
prato principal

甜点
sobremesa

饮料
bebidas

食物
comida

瓶子
garrafa

快餐

fastfood

街边小吃

comida de rua

茶壶

bule de chá

糖盒

açucareiro

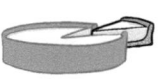

一份饭菜

porção

意式咖啡机

máquina de expresso

高脚椅

cadeirão

账单

conta

托盘

bandeja

刀

faca

餐叉

garfo

勺子

colher

茶匙

colher de chá

餐巾

guardanapo

玻璃杯

copo

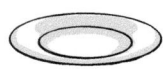

碟子

prato

汤盘

prato de sopa

碟子

pires

酱

molho

盐瓶

saleiro

胡椒磨

moedor de pimenta

醋

vinagre

食用油

óleo

调味料

especiarias

番茄酱

ketchup

芥末

mostarda

蛋黄酱

maionese

超市

supermercado

特价
oferta especial
FOR
顾客
cliente
乳制品
laticínios
水果
frutas
购物车
carrinho de compras

BUTCHERS

肉铺

açougue

BAKERY

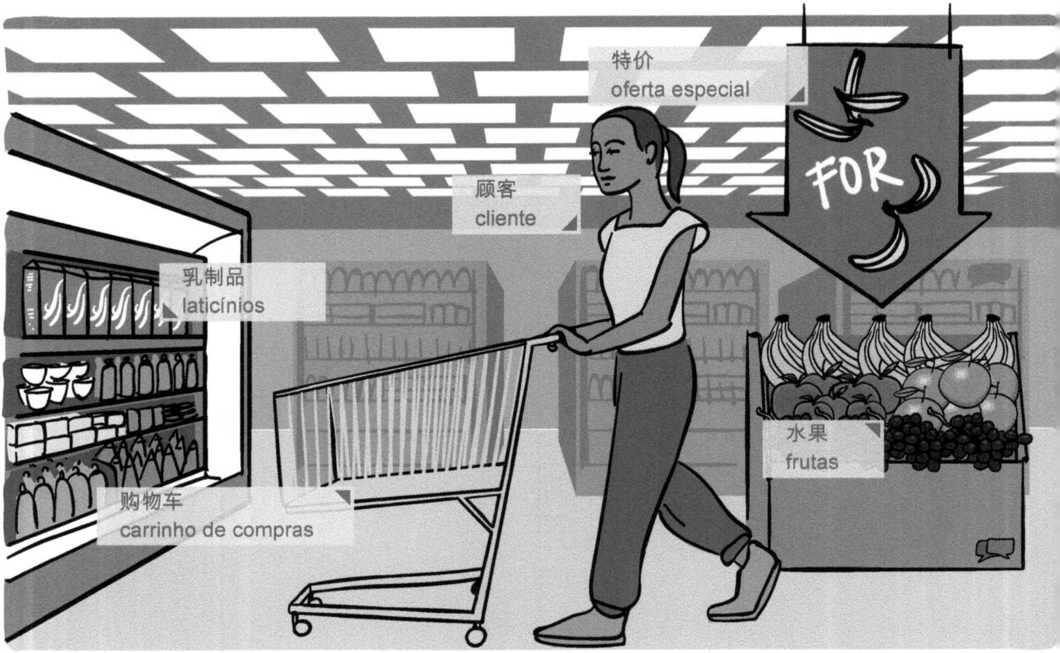

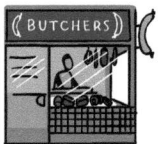

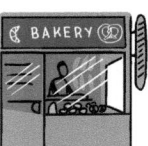

面包房

padaria

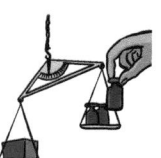

称重

pesar

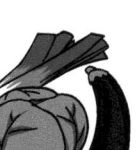

蔬菜

legumes

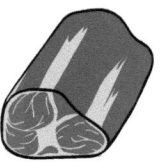

肉

carne

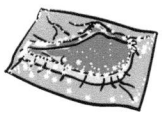

冷冻食品

congelados

冷盘
charcutaria

罐头食品
conservas

洗衣粉
detergente em pó

甜食
doces

日用品
artigos domésticos

清洁用品
produtos de limpeza

销售员
vendedora

收银机
caixa

收银员
caixa

购物清单
lista de compras

开放时间
horário de funcionamento

钱包
carteira

信用卡
cartão de crédito

袋子
sacola

塑料袋
saco plástico

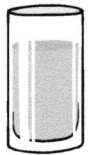

水

água

果汁

suco

牛奶

leite

可乐

coca-cola

红酒

vinho

啤酒

cerveja

酒

álcool

可可

cacau

茶

chá

咖啡

café

意式浓缩咖啡

expresso

卡布奇诺

cappuccino

香蕉

banana

苹果

maçã

橙子

laranja

西瓜

melão

柠檬

limão

胡萝卜

cenoura

大蒜

alho

竹子

bambu

洋葱

cebola

蘑菇

cogumelo

坚果

nozes

面条

macarrão

意大利面条

espaguete

米饭

arroz

沙拉

salada

薯条

batatas fritas

炸土豆

batatas frias

披萨饼

pizza

汉堡包

hambúrger

三明治

sanduíche

炸猪排

escalope

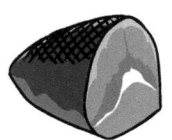

火腿

presunto

萨拉米

salame

香肠

salsicha

鸡肉

galinha

烤肉

assado

鱼

peixe

燕麦片

flocos de aveia

穆兹利

granola

玉米片

flocos de milho

面粉

farinha

羊角面包

croissant

面包卷

pãozinho

面包

pão

烤面包

torrada

饼干

biscoitos

黄油

manteiga

凝乳

requeijão

蛋糕

bolo

蛋

ovo

煎蛋

ovo frito

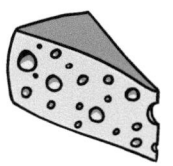

奶酪

queijo

冰激凌
sorvete

糖
açúcar

蜂蜜
mel

果酱
geleia

巧克力酱
creme de avelãs

咖喱饭
curry

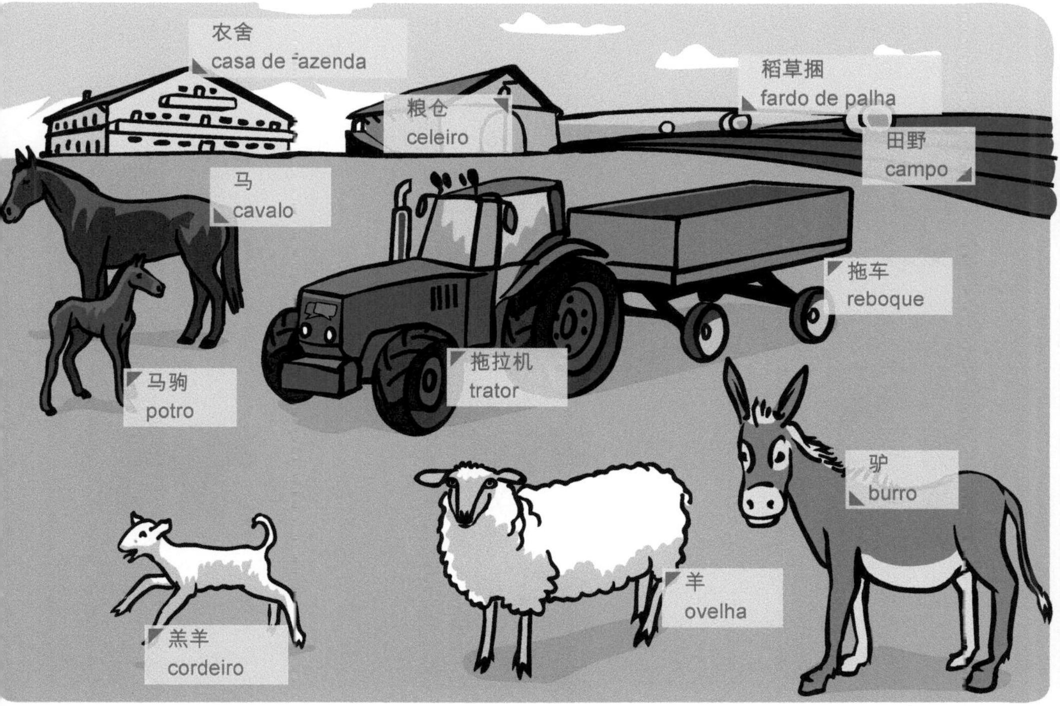

农舍
casa de fazenda

稻草捆
fardo de palha

粮仓
celeiro

田野
campo

马
cavalo

拖车
reboque

马驹
potro

拖拉机
trator

驴
burro

羊
ovelha

羔羊
cordeiro

山羊

cabra

奶牛

vaca

牛犊

bezerro

猪

porco

小猪

leitão

公牛

touro

鹅

ganso

鸭

pato

小鸡

pintinho

母鸡

galinha

公鸡

galo

鼠

ratazana

猫

gato

老鼠

camundongo

牛

boi

狗

cachorro

狗屋

casinha do cachorro

花园浇水软管

mangueira de jardim

洒水壶

regador

长柄大镰刀

foice

犁

arado

镰刀
foice

锄头
enxada

长柄草耙
forquilha

斧头
machado

独轮手推车
carrinho de mão

饲料槽
manjedoura

牛奶罐
jarra de leite

麻布袋
saco

栅栏
cerca

马厩
estábulo

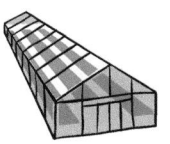

温室
estufa

土壤
solo

种子
semente

肥料
fertilizante

联合收割机
colheitadeira

农场 - fazenda

收割

colher

收割

colheita

山药

inhame

小麦

trigo

大豆

soja

土豆

batata

玉米

milho

油菜籽

colza

果树

árvore frutífera

树薯

mandioca

谷物

cereais

房子
casa

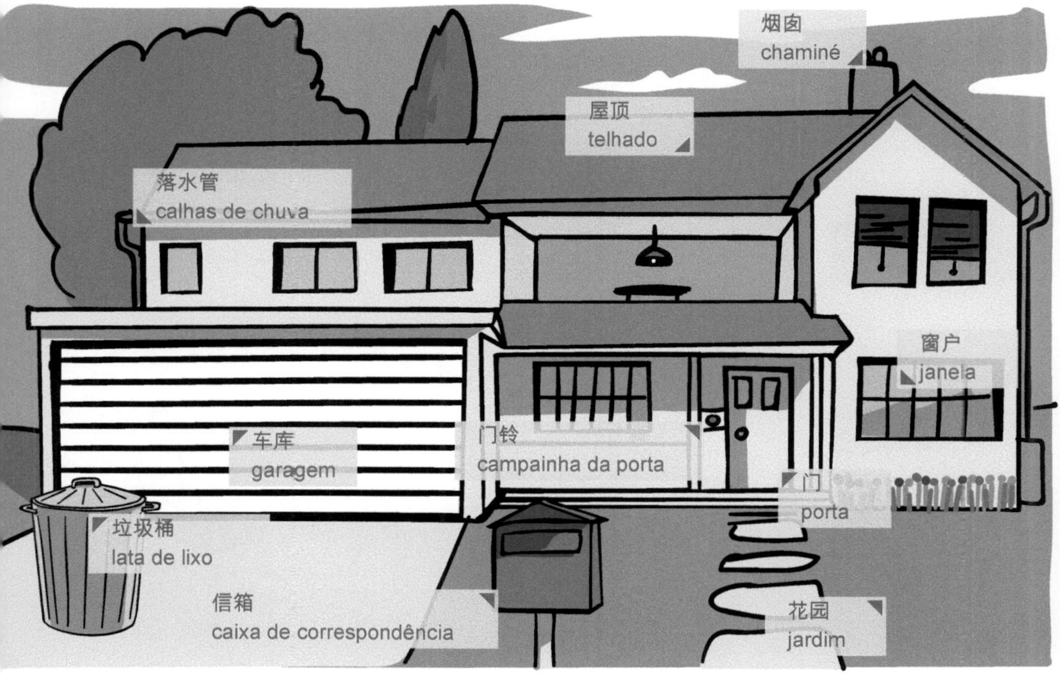
烟囱
chaminé
屋顶
telhado
落水管
calhas de chuva
窗户
janela
车库
garagem
门铃
campainha da porta
门
porta
垃圾桶
lata de lixo
信箱
caixa de correspondência
花园
jardim

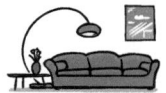

客厅

sala de estar

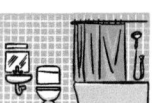

浴室

banheiro

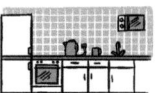

厨房

cozinha

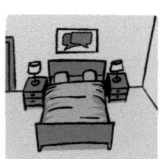

卧室

quarto de dormir

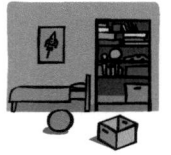

儿童房

quarto de criança

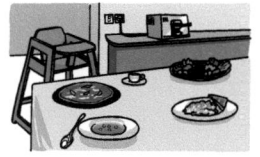

餐厅

sala de jantar

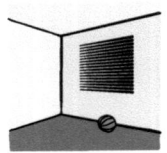

地板

chão

墙壁

parede

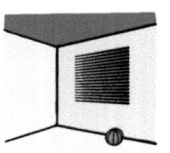

吊顶

teto

地窖

porão

桑拿

sauna

阳台

varanda

露台

terraço

游泳池

piscina

割草机

cortador de grama

被单

lençol

床罩

coberta

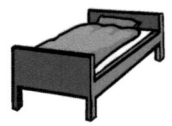

床

cama

扫帚

vassoura

水桶

balde

开关

interruptor

客厅

sala de estar

壁纸
papel de parede
照片
quadro
台灯
lâmpada
搁架
prateleira
橱柜
armário
电视机
televisão
壁炉
lareira
花
flor
垫子
travesseiro
沙发
sofá
花瓶
vaso
遥控器
controle remoto

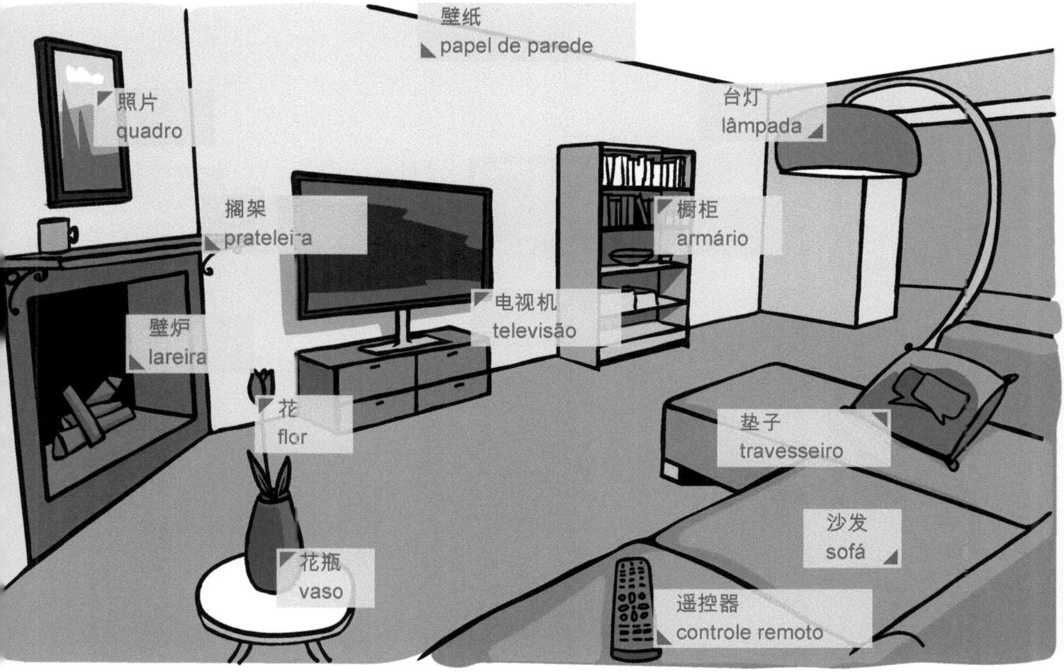

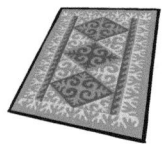

地毯

tapete

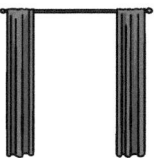

窗帘

cortina

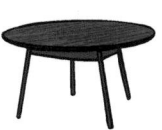

餐桌

mesa

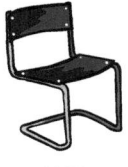

椅子

cadeira

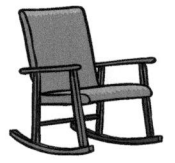

摇椅

cadeira de balanço

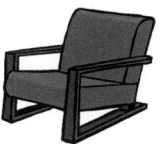

扶手椅

poltrona

书

livro

毯子

cobertor

装饰品

decoração

木柴

lenha

电影

filme

高保真音响

equipamento de som

钥匙

chave

报纸

jornal

油画

pintura

海报

pôster

收音机

rádio

笔记本

bloco de notas

吸尘器

aspirador

仙人掌

cacto

蜡烛

vela

厨房
cozinha

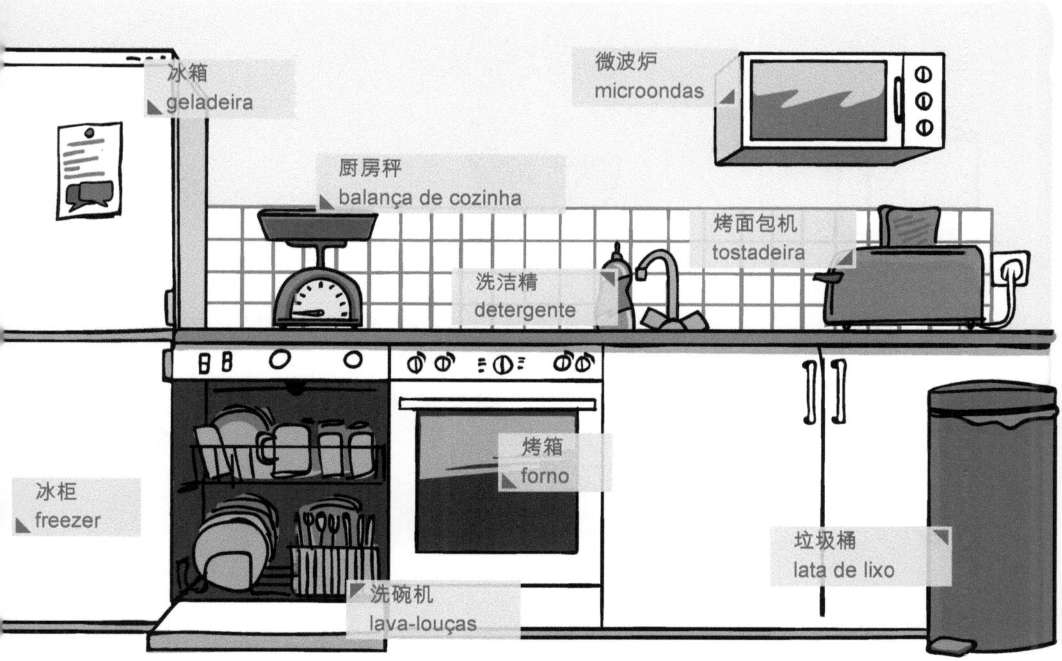
冰箱
geladeira
微波炉
microondas
厨房秤
balança de cozinha
烤面包机
tostadeira
洗洁精
detergente
烤箱
forno
冰柜
freezer
垃圾桶
lata de lixo
洗碗机
lava-louças

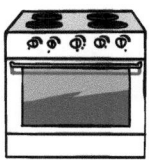

炊具

fogão

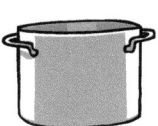

锅

panela

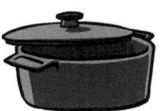

铸铁锅

panela de ferro

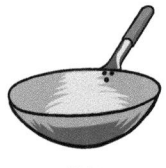

炒锅

wok / kadai

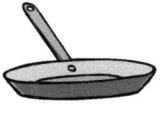

平底锅

frigideira

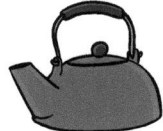

水壶

chaleira

蒸锅

panela a vapor

烤盘

tabuleiro de forno

陶瓷锅

louça

马克杯

caneca

碗

caçarola

筷子

hashi

长柄勺

concha de sopa

铲子

espátula

搅拌器

batedor

滤网

escorredor

筛子

peneira

磨碎机

ralador

研钵

almofariz

烧烤

churrasqueira

明火

lareira

菜板

tábua de cortar

擀面杖

rolo da massa

开瓶器

saca-rolhas

罐子

lata

开罐器

abridor de latas

隔热手套

pegador de panela

水槽

pia

刷子

escova

海绵

esponja

搅拌机

liquidificador

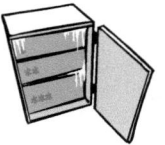

冷藏箱

congelador

奶瓶

mamadeira

水龙头

torneira

浴室
banheiro

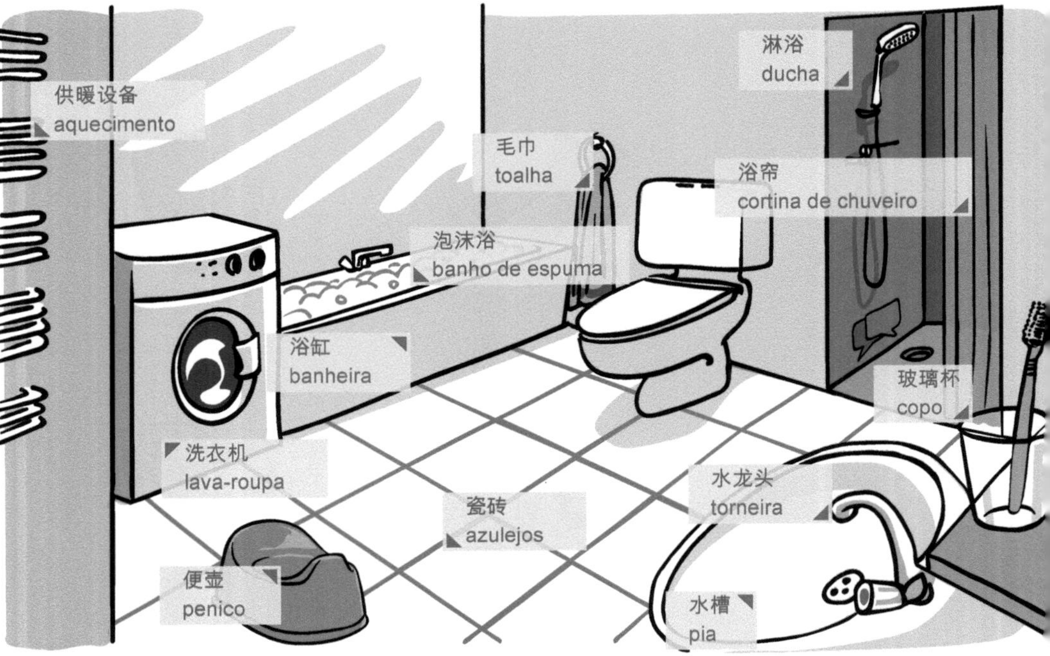

淋浴
ducha

供暖设备
aquecimento

毛巾
toalha

浴帘
cortina de chuveiro

泡沫浴
banho de espuma

浴缸
banheira

玻璃杯
copo

洗衣机
lava-roupa

水龙头
torneira

瓷砖
azulejos

便壶
penico

水槽
pia

厦所

vaso sanitário

蹲便器

lavabo de agachar

坐浴器

bidê

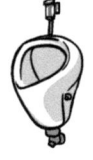

小便池

mictório

厕纸

papel higiênico

马桶刷

escova de privada

牙刷
escova de dentes

牙膏
pasta de dentes

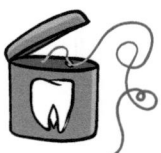

牙线
fio dental

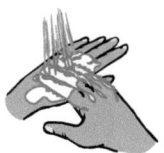

洗
lavar

手持式喷淋头
ducha de mão

冲洗器
ducha íntima

洗脸盆
bacia

擦背刷
escova para as costas

肥皂
sabonete

沐浴露
gel de banho

洗发水
xampu

法兰绒
toalha de rosto

排水
escoamento

乳霜
creme

除臭剂
desodorante

浴室 - banheiro

39

镜子

espelho

手镜

espelho de mão

剃须刀

barbeador

剃须泡沫

espuma de barbear

须后水

loção pós-barba

梳子

pente

刷子

escova

吹风机

secador de cabelo

喷发定型剂

spray de cabelo

化妆品

maquiagem

唇膏

batom

指甲油

esmalte de unhas

化妆棉

algodão

指甲剪

tesoura para unhas

香水

perfume

洗漱包

nécessaire

凳子

banquinho

计重秤

balança

浴袍

roupão de banho

橡胶手套

luvas de borracha

卫生棉条

absorvente interno

卫生巾

absorvente íntimo

化学厕所

banheiro químico

儿童房
quarto de criança

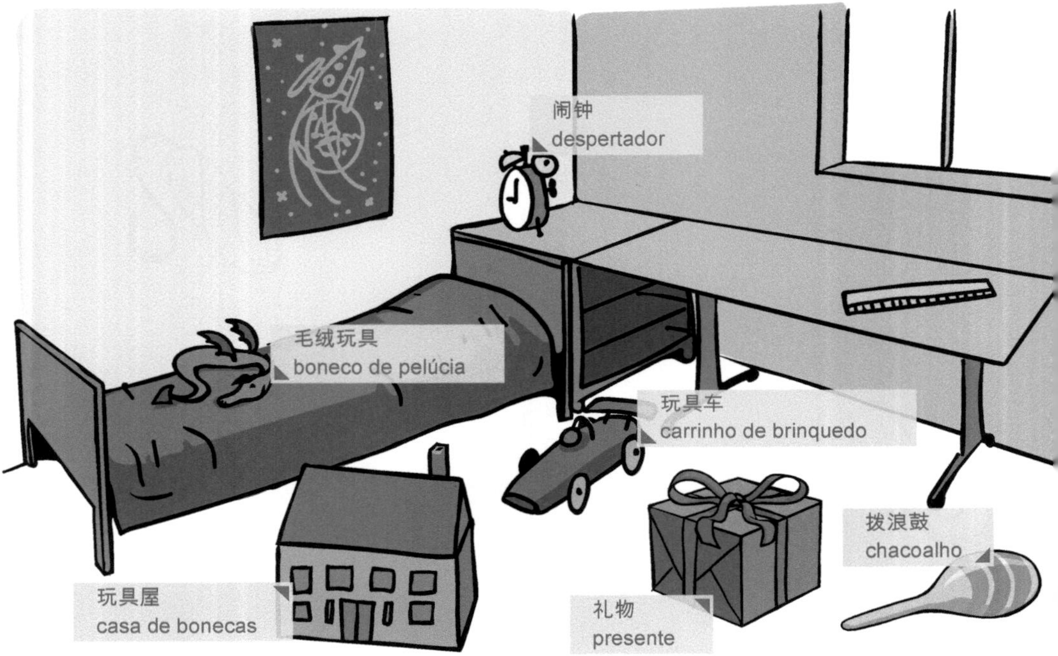

闹钟
despertador
毛绒玩具
boneco de pelúcia
玩具车
carrinho de brinquedo
拨浪鼓
chacoalho
玩具屋
casa de bonecas
礼物
presente

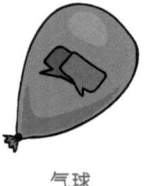

气球

balão

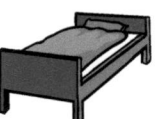

床

cama

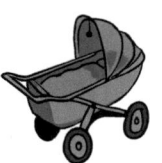

（洋娃娃用）婴儿车

carrinho de bebê

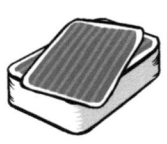

扑克牌

jogo de cartas

拼图

quebra-cabeças

SUPER
MEGA

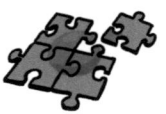

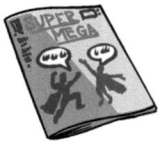

漫画

revista de quadrinhos

乐高积木

peças de Lego

积木玩具

blocos de construção

玩具人

figura de ação

婴儿服

macaquinho de bebê

飞盘

frisbee

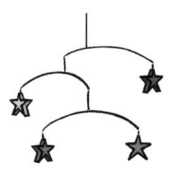

床铃玩具

móbile para bebé

棋盘游戏

jogo de tabuleiro

骰子

dados

火车模型

trenzinho elétrico

安抚奶嘴

chupeta

聚会

festa

绘本

livro ilustrado

球

bola

洋娃娃

boneca

玩

brincar

沙坑

caixa de areia

秋千

balanço

玩具

brinquedos

游戏机

videogame

三轮车

triciclo

泰迪熊

ursinho de pelúcia

衣柜

guarda-roupa

衣服

vestuário

袜子

meias

长袜

meias pelo joelho

紧身裤

meias-calças

围巾
cachecol

雨伞
guarda-chuva

皮带
cinto

T恤
camiseta

靴子
botas

拖鞋
chinelos

运动鞋
tênis

凉鞋
sandálias

鞋
sapatos

雨靴
botas de borracha

内裤
roupa de baixo

胸罩
sutiã

背心
camiseta de baixo

身体
body

裤子
calças

牛仔裤
jeans

短裙
saia

女式衬衫
blusa

衬衫
camisa

套头衫
pulôver

卫衣
suéter com capuz

西装夹克
blazer

夹克
jaqueta

外套
casaco

雨衣
gabardine

套装
traje

连衣裙
vestido

婚纱
vestido de casamento

西装

terno

睡袍

camisola

睡衣

pijama

莎丽

sari

头巾

lenço de cabeça

包头巾

turbante

波卡

burca

卡夫坦

cafetã

(阿拉伯式)长袍

abaya

泳衣

maiô

男式泳裤

sunga

短裤

shorts

运动服

roupa de treino

围裙

avental

手套

luvas

纽扣
botão

眼镜
óculos

手链
pulseira

项链
colar

戒指
anel

耳环
brinco

便帽
boné

衣架
cabide

帽子
chapéu

领带
gravata

拉链
zíper

头盔
capacete

背带
suspensórios

校服
uniforme escolar

制服
uniforme

围兜
babador

安抚奶嘴
chupeta

尿不湿
fralda

办公室
escritório

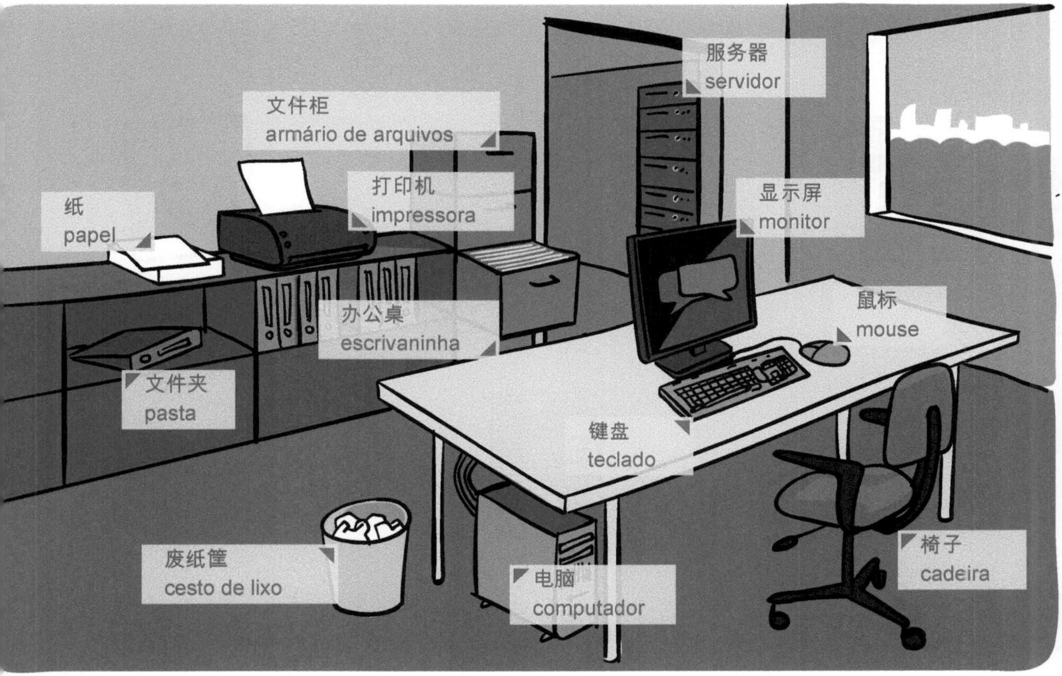

服务器
servidor

文件柜
armário de arquivos

打印机
impressora

显示屏
monitor

纸
papel

办公桌
escrivaninha

鼠标
mouse

文件夹
pasta

键盘
teclado

废纸筐
cesto de lixo

电脑
computador

椅子
cadeira

咖啡杯
xícara de café

计算器
calculadora

因特网
internet

笔记本电脑
laptop

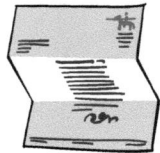

信件
carta

消息
mensagem

手机
celular

网络
rede

复印机
copiadora

软件
software

电话
telefone

插座
tomada

传真机
fax

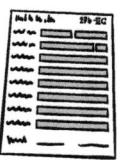

表格
formulário

文件
documento

买

comprar

付钱

pagar

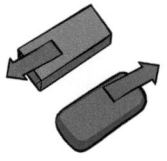

交易

negociar

现金

dinheiro

美元

Dólar

欧元

Euro

日元

Yen

卢布

rublo

瑞士法郎

franco suíço

人民币

renminbi yuan

卢比

rupia

提款处

caixa eletrônico

外币兑换处

casa de câmbio

金

ouro

银

prata

石油

petróleo

能源

energia

价格

preço

合同

contrato

税金

imposto

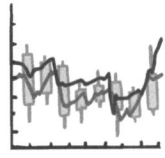

股票

ação

工作

trabalhar

职员

empregado

老板

empregador

工厂

fábrica

商店

loja

职业
profissões

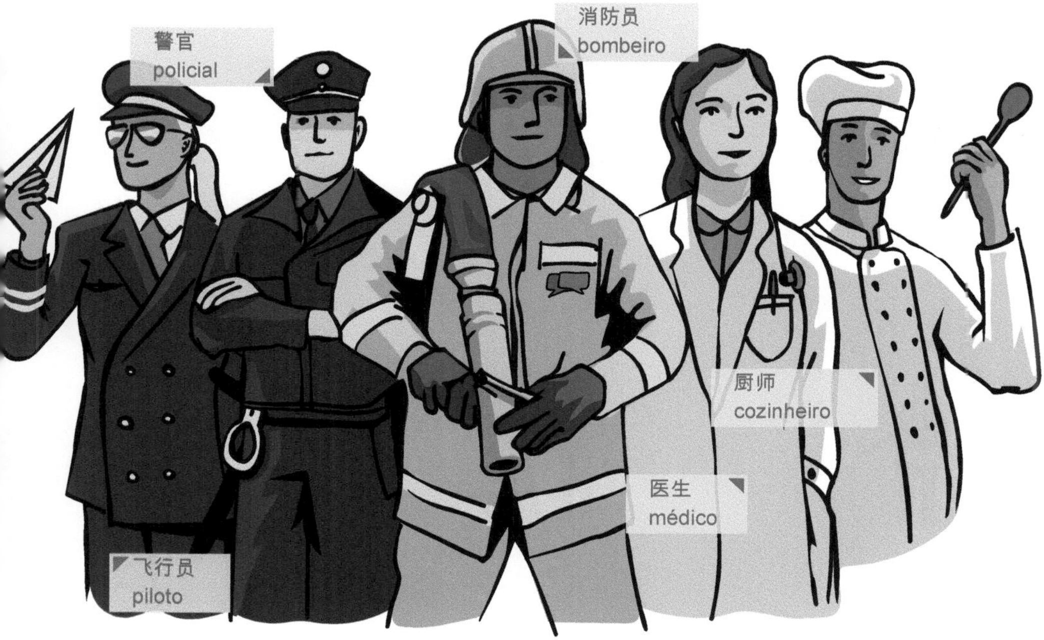

警官
policial
消防员
bombeiro
厨师
cozinheiro
医生
médico
飞行员
piloto

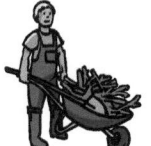

园丁

jardineiro

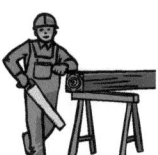

木匠

marceneiro

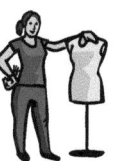

裁缝

costureira

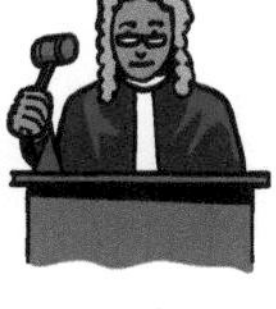

法官

juiz

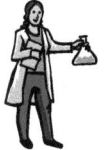

化学家

químico

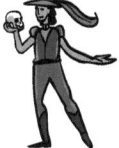

演员

ator

公交车司机

motorista de ônibus

出租车司机

motorista de táxi

渔夫

pescador

清洁女工

faxineira

屋顶工

telhador

服务员

garçom

猎人

caçador

画家

pintor

面包师

padeiro

电工

eletricista

建筑工人

construtor

工程师

engenheiro

屠夫

açougueiro

水管工

encanador

邮递员

carteiro

士兵

soldado

建筑师

arquiteto

收银员

caixa

花农

florista

理发师

cabelereiro

售票员

condutor

机械师

mecânico

船长

capitão

牙医

dentista

科学家

cientista

拉比

rabino

伊玛目

imam

和尚

monge

牧师

pastor

工具
ferramentas

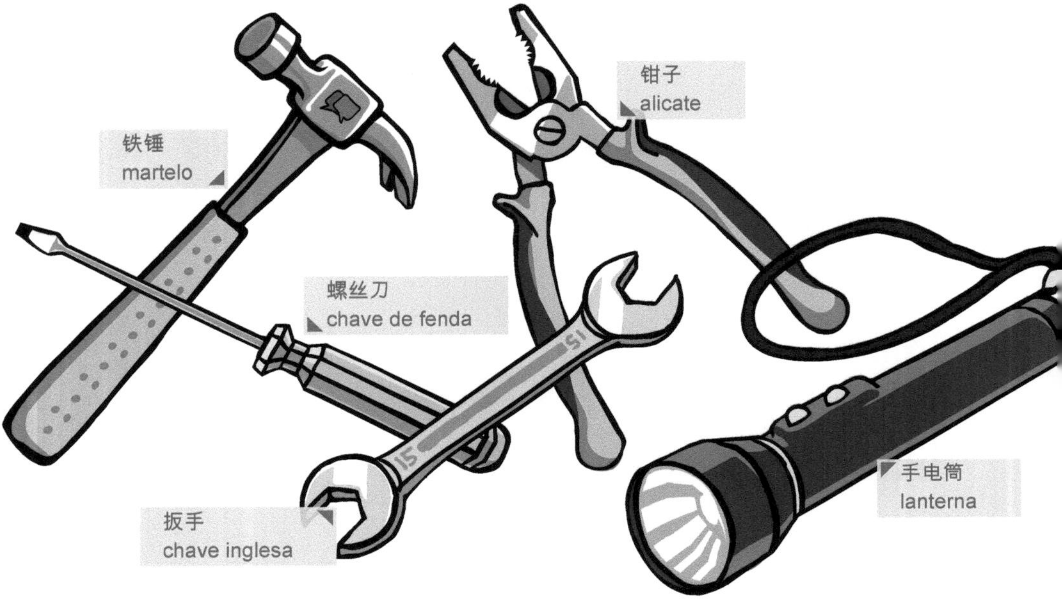
铁锤
martelo
钳子
alicate
螺丝刀
chave de fenda
扳手
chave inglesa
手电筒
lanterna

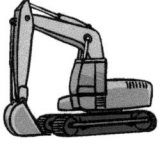

挖掘机

escavadora

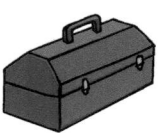

工具箱

caixa de ferramentas

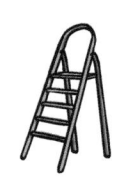

梯子

escada de mão

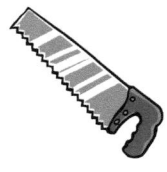

锯子

serra

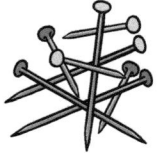

钉子

pregos

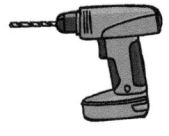

钻机

furadeira

修
consertar

铲子
pá

靠！
Droga!

簸箕
pá de lixo

油漆桶
pote de tinta

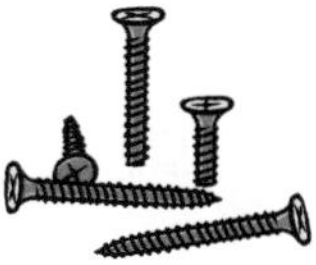

螺丝
parafusos

乐器
instrumentos musicais

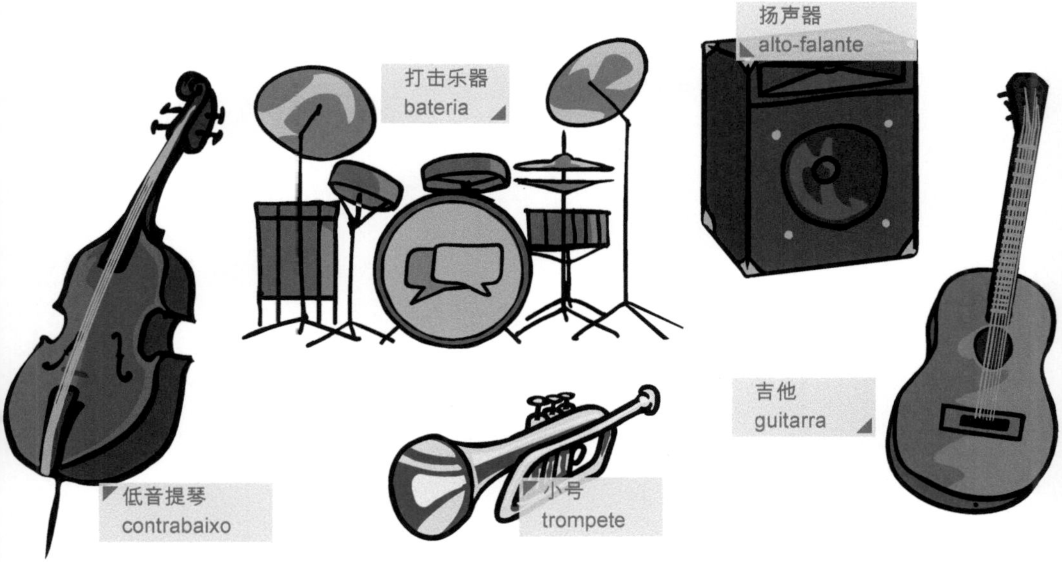

打击乐器
bateria

扬声器
alto-falante

吉他
guitarra

低音提琴
contrabaixo

小号
trompete

钢琴

piano

小提琴

violino

贝斯

baixo

定音鼓

timbales

鼓

tambor

电子琴

teclado

萨克斯管

saxofone

长笛

flauta

麦克风

microfone

动物园

zoológico

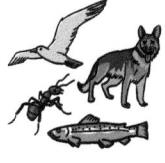

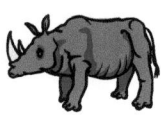

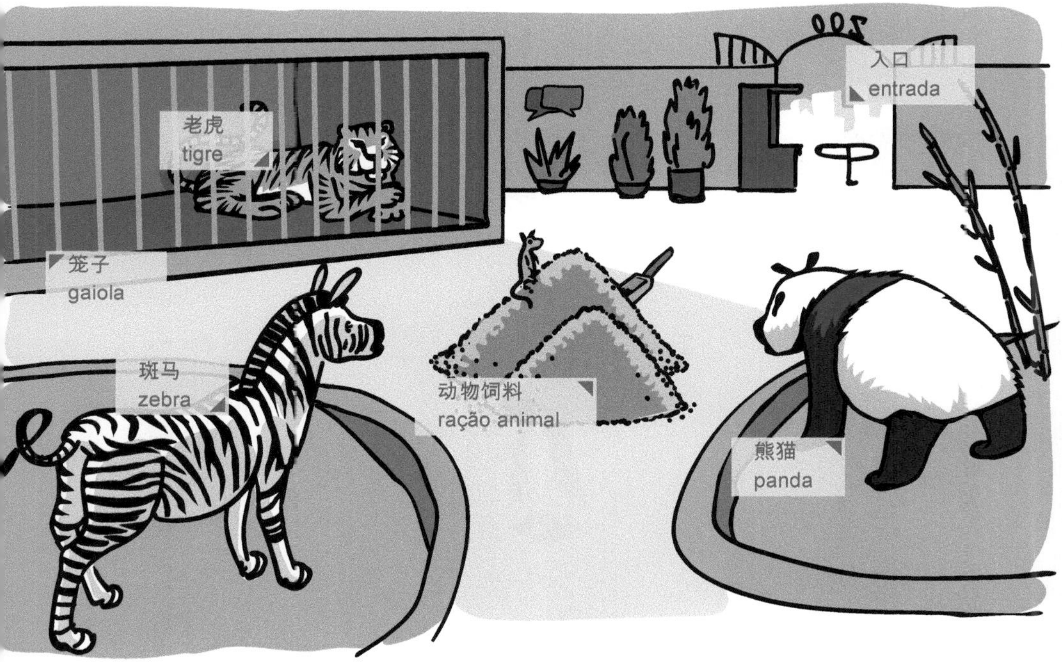

入口
entrada
老虎
tigre
笼子
gaiola
斑马
zebra
动物饲料
ração animal
熊猫
panda

动物

animais

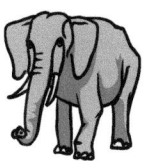

大象

elefante

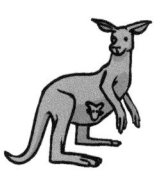

袋鼠

canguru

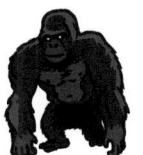

犀牛

rinoceronte

大猩猩

gorila

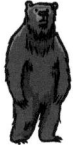

熊

urso

骆驼

camelo

鸵鸟

avestruz

狮子

leão

猴子

macaco

火烈鸟

flamingo

鹦鹉

papagaio

北极熊

urso polar

企鹅

pinguim

鲨鱼

tubarão

孔雀

pavão

蛇

cobra

鳄鱼

crocodilo

动物园管理员

guarda do zoológico

海豹

foca

美洲豹

jaguar

矮种马

pônei

豹

leopardo

河马

hipopótamo

长颈鹿

girafa

老鹰

águia

野猪

javali

鱼

peixe

龟

tartaruga

海象

morsa

狐狸

raposa

羚羊

gazela

橄榄球
futebol americano

骑自行车
ciclismo

网球
tênis

篮球
basquete

游泳
natação

拳击
boxe

冰球
hóquei no gelo

英式足球
futebol

羽毛球
badminton

田径
atletismo

手球
handebol

滑雪
esqui

马球
polo

跳
pular

拥抱
abraçar

笑
rir

走路
andar

唱
cantar

做梦
sonhar

祈祷
rezar

亲吻
beijar

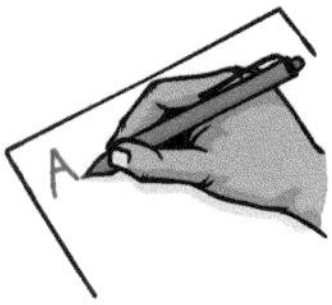

书写
escrever

画
desenhar

展示
mostrar

推
empurrar

给
dar

拿
tomar

有
ter

做
fazer

当
ser

站
ficar de pé

跑
correr

拉
puxar

扔
jogar

摔倒
cair

躺
deitar

等待
esperar

携带
carregar

坐
sentar

穿衣
vestir

睡觉
dormir

醒来
despertar

看
olhar para

哭
chorar

抚摸
acariciar

梳头
pentear

交谈
falar

明白
entender

问
perguntar

听
ouvir

喝
beber

吃
comer

清理
arrumar

爱
amar

做饭
cozinhar

开车
dirigir

飞
voar

航行

velejar

计算

calcular

读

ler

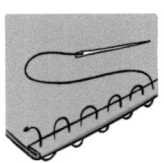

学习

aprender

工作

trabalhar

结婚

casar

缝

costurar

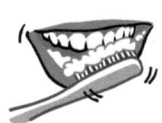

刷牙

escovar os dentes

杀

matar

抽烟

fumar

寄

enviar

祖母
avó

祖父
avô

父亲
pai

母亲
mãe

婴童
bebê

女儿
filha

儿子
filho

客人

convidado

阿姨

tia

叔叔

tio

兄弟

irmão

姐妹

irmã

身体

corpo

前额
testa
眼睛
olho
肩膀
ombro
手指
dedo
脸
rosto
下巴
queixo
手
mão
腿
perna
乳房
peito
手臂
braço

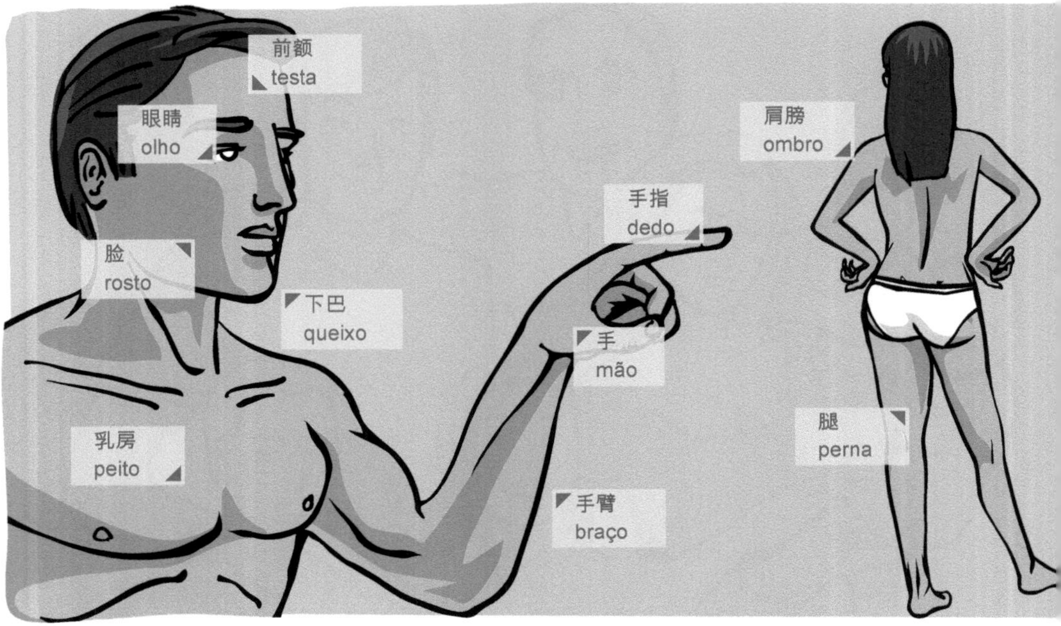

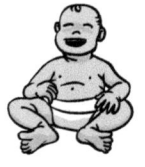

婴童

bebê

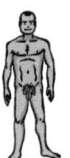

男人

homem

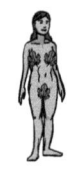

女人

mulher

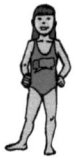

女孩

menina

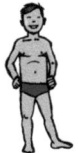

男孩

menino

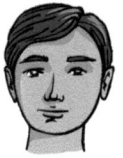

头

cabeça

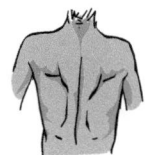

背部
costas

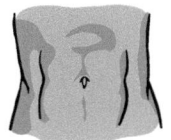

肚子
barriga

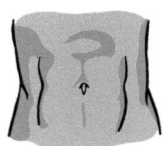

肚脐
umbigo

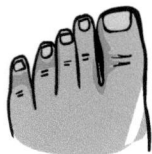

脚趾
dedo do pé

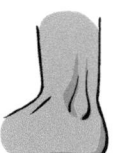

脚后跟
calcanhar

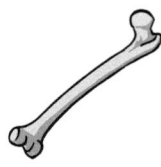

骨头
osso

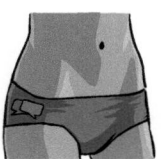

臀部
anca

膝盖
joelho

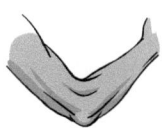

手肘
cotovelo

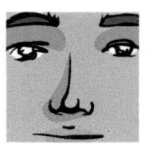

鼻子
nariz

屁股
nádegas

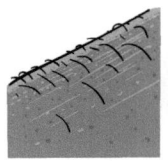

皮肤
pele

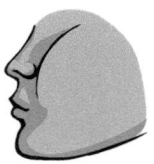

脸颊
bochecha

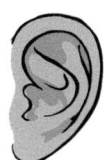

耳朵
orelha

嘴唇
lábio

身体 - corpo

嘴

boca

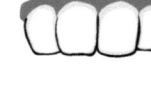

牙齿

dente

舌头

língua

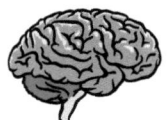

脑

cérebro

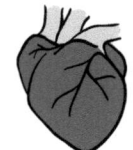

心脏

coração

肌肉

músculo

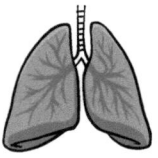

肺

pulmão

肝脏

fígado

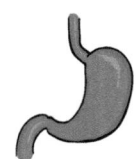

胃

estômago

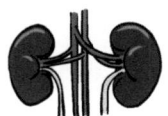

肾脏

rins

性交

relações sexuais

避孕套

preservativo

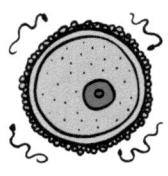

卵子

óvulo

精子

esperma

怀孕

gravidez

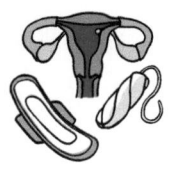

月经

menstruação

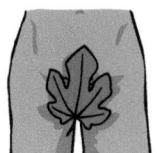

阴道

vagina

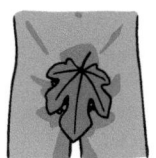

阴茎

pênis

眉毛

sobrancelha

头发

cabelo

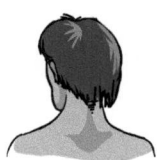

脖子

pescoço

身体 - corpo

医院

hospital

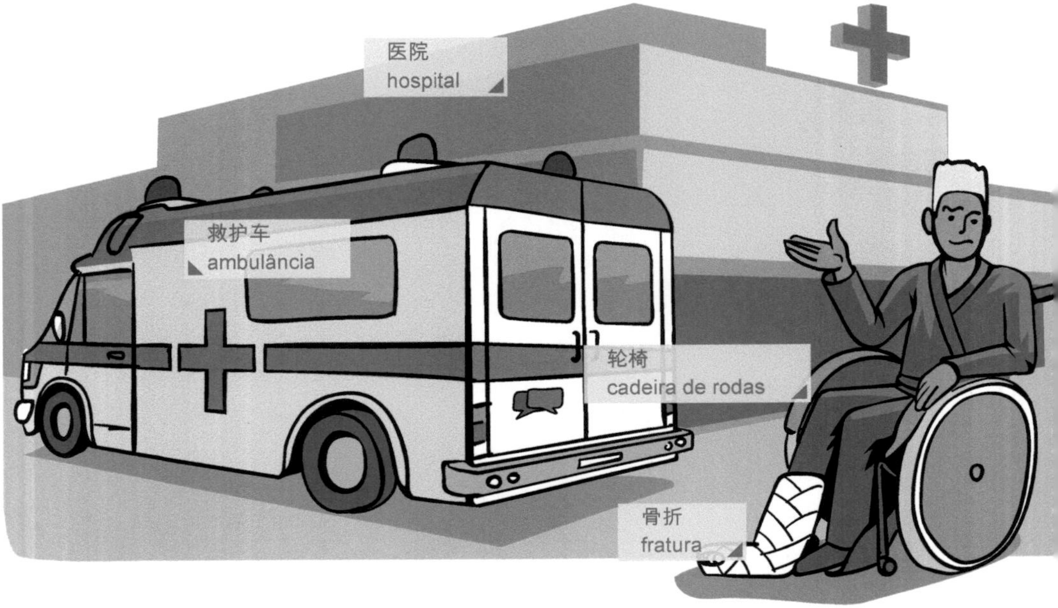

医院
hospital
救护车
ambulância
轮椅
cadeira de rodas
骨折
fratura

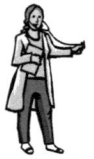

医生

médico

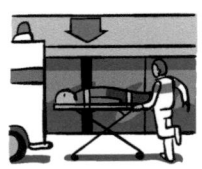

急诊室

pronto-socorro

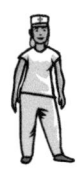

护士

enfermeira

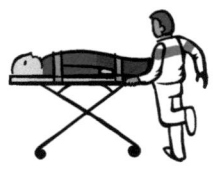

紧急情况

emergência

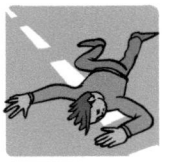

昏迷

inconsciente

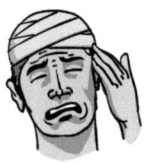

痛

dor

受伤

ferimento

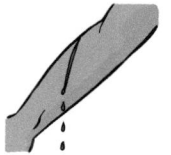

出血

hemorragia

心脏病发作

ataque cardíaco

中风

acidente vacular cerebral

过敏

alergia

咳嗽

tosse

发烧

febre

流感

gripe

腹泻

diarreia

头痛

dor de cabeça

癌症

câncer

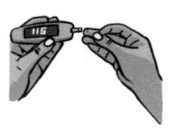

糖尿病

diabetes

外科医生

cirurgião

手术刀

bisturi

手术

operação

CT

CT

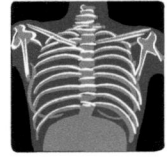

X光

raio x

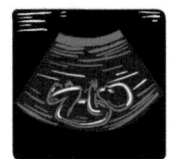

超声波

ultrassom

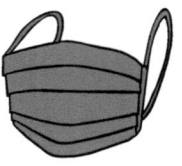

口罩

máscara

疾病

doença

候诊室

sala de espera

拐杖

muleta

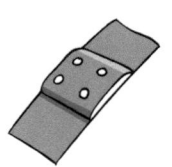

石膏

bandeide

绷带

ligadura

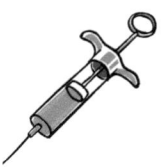

注射

injeção

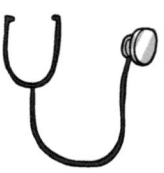

听诊器

estetoscópio

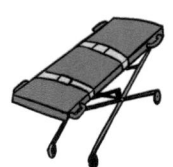

担架

maca

体温计

termômetro

出生

nascimento

超重

excesso de peso

助听器

aparelho auditivo

消毒液

desinfetante

感染

infecção

病毒

vírus

艾滋病

HIV / AIDS

药物

medicamento

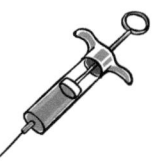

接种疫苗

vacinação

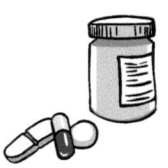

药片

comprimidos

药丸

pílula

急救电话

chamada de emergência

血压计

dispositivo de medição de
pressão arterial

生病/健康

doente / saudável

医院 - hospital

救命！

Socorro!

警报

alarme

突击

assalto

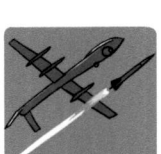

攻击

ataque

危险

perigo

紧急出口

saída de emergência

着火啦！

Fogo!

灭火器

extintor de incêndios

意外

acidente

急救箱

maleta de primeiros
socorros

呼救信号

SOS

警察

polícia

欧洲

Europa

北美洲

América do Norte

南美洲

América do Sul

非洲

África

亚洲

Ásia

澳洲

Austrália

大西洋

Atlântico

太平洋

Pacífico

印度洋

Oceano Índico

南冰洋

Oceano Antártico

北冰洋

Oceano Ártico

北极

Polo Norte

南极
....
Polo Sul

南极洲
....
Antártica

地球
....
Terra

陆地
....
terra

海
....
mar

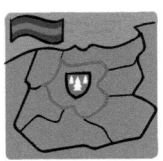

岛
....
ilha

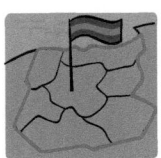

国家
....
nação

国家
....
estado

钟面

mostrador do relógio

时针

ponteiro das horas

分针

ponteiro dos minutos

秒针

ponteiro dos segundos

现在几点？

Que horas são?

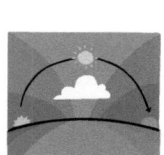

天

dia

时间

tempo

现在

agora

电子表

relógio digital

分

minuto

时

hora

周

semana

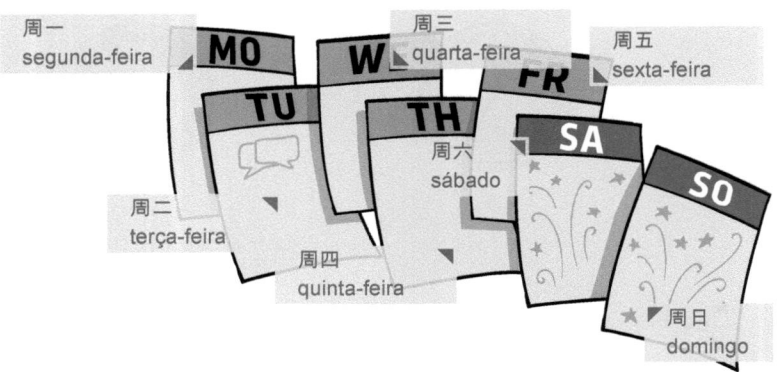

周一 segunda-feira
周二 terça-feira
周三 quarta-feira
周四 quinta-feira
周五 sexta-feira
周六 sábado
周日 domingo

昨天
ontem

今天
hoje

明天
amanhã

早晨
manhã

中午
meio-dia

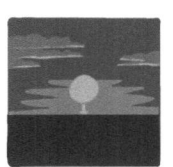

晚上
entardecer

MO	TU	WE	TH	FR	SA	SU
1	2	3	4	5	6	7
8	9	10	11	12	13	14
15	16	17	18	19	20	21
22	23	24	25	26	27	28
29	30	31	1	2	3	4

工作日
dias úteis

MO	TU	WE	TH	FR	SA	SU
1	2	3	4	5	6	7
8	9	10	11	12	13	14
15	16	17	18	19	20	21
22	23	24	25	26	27	28
29	30	31	1	2	3	4

周末
fim de semana

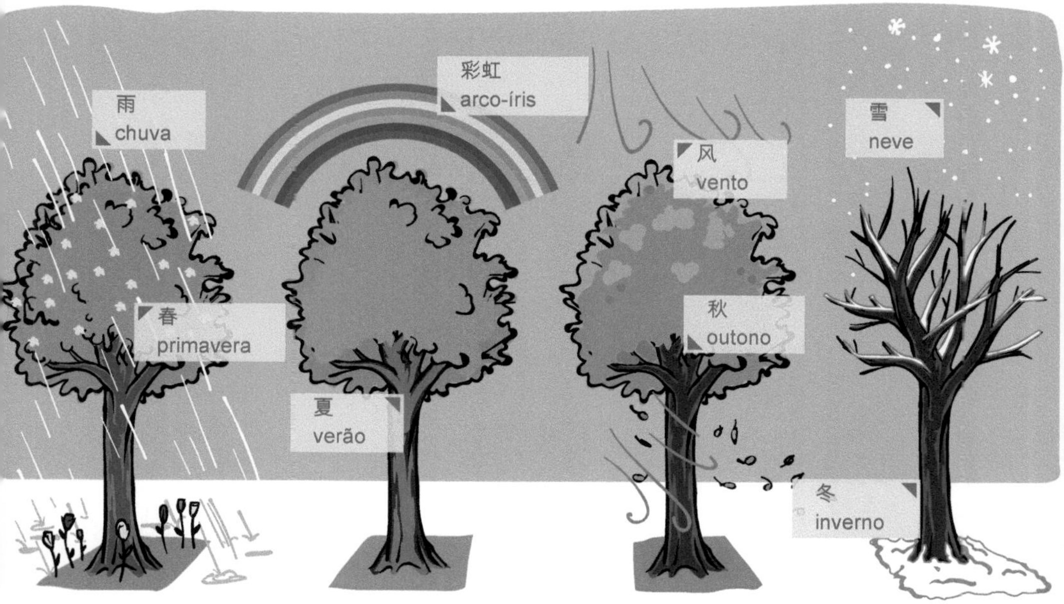

彩虹
arco-íris
雨
chuva
风
vento
雪
neve
春
primavera
秋
outono
夏
verão
冬
inverno

4.APRIL 11°
5.APRIL 4°
6.APRIL 13°
7.APRIL 8°
8.APRIL 10°

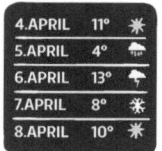

天气预报

previsão do tempo

F
C
120
90
60
30
0
-30
40
30
20
10
0
-10
-20

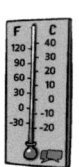

温度计

termômetro

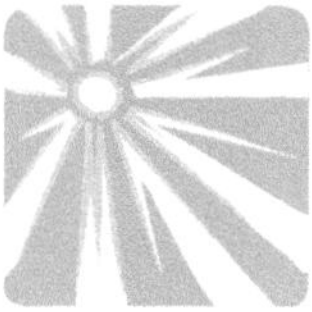

阳光

raio de sol

云

nuvem

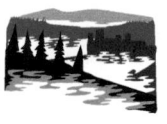

雾

neblina / nevoeiro

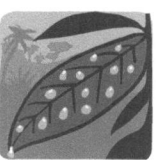

潮湿

umidade do ar

闪电

relâmpago

打雷

trovão

风暴

tempestade

冰雹

granizo

季风

monção

洪水

inundação

冰

gelo

一月

janeiro

二月

fevereiro

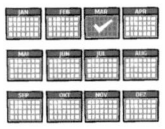

三月

março

四月

abril

五月

maio

六月

junho

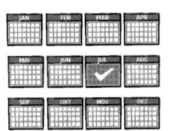

七月

julho

八月

agosto

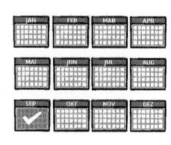

九月

setembro

十月

outubro

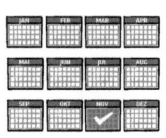

十一月

novembro

十二月

dezembro

形状
formas

圆形

círculo

正方形

quadrado

长方形

retângulo

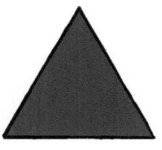

三角形

triângulo

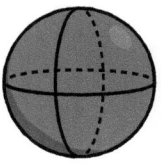

球体

esfera

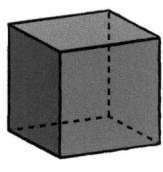

立方体

cubo

白
....
branco

黄
....
amarelo

橙
....
laranja

粉
....
rosa

红
....
vermelho

紫
....
lilás

蓝
....
azul

绿
....
verde

棕
....
marrom

灰
....
cinza

黑
....
preto

很多/少许

muito / pouco

生气/平静

furioso / tranquilo

美/丑

lindo / feio

首/尾

começo / fim

大/小

grande / pequeno

明/暗

claro / escuro

兄弟/姐妹

irmão / irmã

干净/肮脏

limpo / sujo

完整/缺失

completo / incompleto

白天/晚上

dia / noite

死/生

morto / vivo

宽/窄

largo / estreito

可食用/非食用

comestível / não comestível

邪恶/善良

mau / gentil

兴奋/无聊

entusiasmado / entediado

胖/瘦

gordo / magro

第一/最后

primeiro / último

朋友/敌人

amigo / inimigo

满/空

cheio / vazio

硬/软

duro / macio

重/轻

pesado / leve

饿/渴

fome / sede

生病/健康

doente / saudável

非法/合法

ilegal / legal

聪明/愚笨

inteligente / idiota

左/右

esquerda / direita

近/远

perto / longe

新/旧

novo / usado

没有/有些

nada / alguma coisa

老/幼

velho / jovem

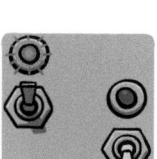

开/关

ligado / desligado

打开/合上

aberto / fechado

安静/吵闹

baixo / alto

富/穷

rico / pobre

对/错

certo / errado

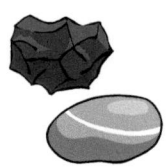

粗糙/光滑

áspero / liso

伤心/高兴

triste / feliz

短/长

curto / longo

慢/快

lento / rápido

湿/干

molhado / seco

温暖/凉爽

ameno / fresco

战争/和平

guerra / paz

0

零
....
zero

1

一
....
um

2

二
....
dois

3

三
....
três

4

四
....
quatro

5

五
....
cinco

6

六
....
seis

7

七
....
sete

8

八
....
oito

9

九
....
nove

10

十
....
dez

11

十一
....
onze

12
十二
doze

13
十三
treze

14
十四
quatorze

15
十五
quinze

16
十六
dezesseis

17
十七
dezessete

18
十八
dezoito

19
十九
dezenove

20
二十
vinte

100
百
cem

1.000
千
mil

1.000.000
百万
milhão

英语
inglês

美式英语
inglês americano

普通话
chinês mandarim

印地语
hindi

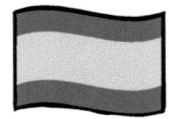

西班牙语
espanhol

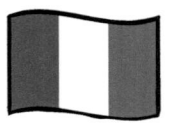

法语
francês

阿拉伯语
árabe

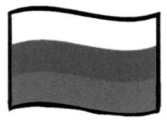

俄语
russo

葡萄牙语
português

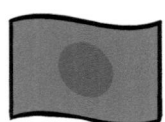

孟加拉语
bengalês

德语
alemão

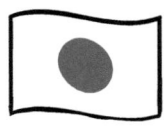

日语
japonês

我

eu

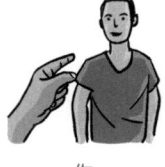

你

você

他/她/它

ele / ela

我们

nós

你们

vocês

他们

eles / elas

谁？

quem?

什么？

O quê?

怎样？

como?

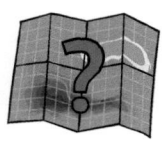

哪里？

onde?

什么时候？

Quando?

名字

nome

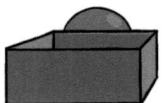

后面

atrás

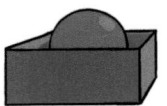

里面

em

前面

na frente de

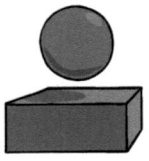

上方

sobre

上面

em cima

下面

debaixo

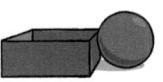

旁边

do lado

中间

entre

地点

lugar